SUEÑOS DE UN CAMINANTE

Jose Navarro Hernández

© 2011

ISBN: 978-84-9981-586-2

DL: M-15838-2011

⊜ 1103238797670

Impreso en España / Printed in Spain

Impreso por Bubok

Fotografía portada: Jose Navarro.

www.elcaminante.tk

"Es quizás más afortunado disfrutar coleccionando caracolas que el haber nacido millonario".

Robert Louis Stevenson *(1850-1894)*

PRÓLOGO

"Sueños de un Caminante" no es un libro para leer de principio a fin. La primera razón es porque usted, estimado lector, se aburrirá profundamente. Por eso, le recomiendo que intente digerir poco a poco cada uno de los versos que le propongo, leyendo sólo un pasaje o un par de ellos al día. Poco a poca se irá sumergiendo en el interior de su protagonista "El Caminante", y conociendo su forma de ver y contemplar aquello que le rodea, aquello que él encuentra en su camino. No se dé prisa en leer este libro, camine despacio por sus páginas, piense en qué significan para usted esos versos. "El Caminante" no soy yo, es mi personaje y no se parece en nada a mí, posiblemente tampoco se parezca a usted, pero es posible que en alguna ocasión usted haya pensado como él, visto lo mismo que él y llorado como él. Es posible que en alguna ocasión haya querido ser también un caminante, porque todos hemos querido serlo. En ocasiones no siempre quiere uno ser más, a veces uno quiere ser menos, entonces es cuando uno añora la vida del caminante, de nuestro caminante. Pero no nos engañemos, ante todo somos realistas y es la realidad la que nos devuelve a nosotros mismos, porque en verdad somos lo que hacemos y pensamos, pero sin quererlo imaginamos y nuestro inconformismo nos lleva a soñar con ser bohemios, y de nuevo nuestro conformismo nos devuelve al día tras día. Pero "El Caminante" es una persona que no se conforma, no se conforma con la rutina, la desidia y su vida, y elige tomar un camino, cualquier camino, su propio camino. Así demuestra también su conformismo, porque puede ser feliz con poco, pudiendo disfrutar observando cómo crece un árbol y no codiciando lo ajeno. Para nuestro personaje la felicidad no es una posesión, porque nadie tiene tal dicha, sino una sensación, algo que está al alcance de su mano continuamente. Pongamos un ejemplo, al caminante no le hace feliz comprarse un coche nuevo, porque no lo desea, pero si desease algo que no puede comprar, atesorar o conseguir se sentiría frustrado, porque todos somos humanos y el fracaso a todos nos duele. Cuando son muchas las cosas que se desean o anhelan, mayores son las posibilidades del malogro. No obstante, el caminante ha aprendido que no hay nada que resulte perfecto o ideal, pero sí hay momentos ideales o instantes perfectos; en esos momentos uno siente dicha, gozo o contentamiento; pero en ocasiones, en demasiadas ocasiones, ese momento pasa inadvertido. Uno no es consciente del instante o simplemente no nos paramos a disfrutar de ello y con ello. De qué nos sirven que las flores huelan bien si no nos agachamos a olerlas. "El caminante" intenta sacar el mayor partido a cosas insignificantes, pero no penséis que es alguien completamente dichoso y halagüeño, porque "El Caminante" es sensible a lo hermoso y a lo feo, y sus penas vienen acompañadas de sus propios planteamientos; no obstante, es alguien positivo que mira al futuro plantando cara. Ha vivido mucho y ha aprendido con cada experiencia, pero la mayor de sus sabidurías consiste en el conocimiento de sí mismo, de aquello que detesta y de aquello que le complace, sabiendo disfrutar de lo primero e instruirse con lo segundo. Ha sacado partido de su propia soledad, haciendo las paces consigo mismo y aunque camina solo, se enfrenta, como todos, a sus propios enemigos. Con cada paso intenta aprender de otros, de lo humano y de aquello que le rodea. No tiene grandes ambiciones, solo desea no parar, seguir adelante en su camino diario. Lleva la clase de vida que él mismo ha elegido o se ha autoimpuesto, y aunque tiene sus propios miedos, esa es precisamente su mayor valentía, la capacidad de elegir sus propias vías. Porque no hay nadie libre del todo, no es totalmente libre nuestro caminante, él también tiene un pasado, del cual no sabemos nada, porque nunca lo ha contado, pero eso no es trascendente para conocerlo, porque aunque todos somos el resultado de algo anterior, lo importante es lo que en el presente somos. Lo que nos propone "El Caminante" es que merece la pena pensar en cada día, en cada uno de los buenos momentos que se nos hayan presentado, porque todos, todos, todos los días, siempre tienen algo bueno, aunque haya sido breve o efímero. Si uno se centra en ese momento puede disfrutar aunque sea solo un instante, pero si sólo observamos el cómputo general de un día, de una semana, un mes o un año, hallaremos posiblemente bastante tedio; y es que casi todos los días que vivimos, no son ni buenos ni malos, casi todos los días son días normales, y esa normalidad es la que en ocasiones nos desgasta. En cada día hay muchos instantes que se nos presentan para poder sonreír, como un combustible que genera la inercia suficiente para poder continuar. En cada día también encontramos multitud de cosas que nos enseñan, que nos impulsan a reflexionar; si obviamos eso nos perderemos la oportunidad de crecer por dentro. Es más fácil conformarse con la tristeza que luchar contra ella, resulta más simple vivir el día que realizar algún cambio, es mucho más sencillo en ocasiones no pensar que ponerse a hacerlo. Pero la reflexión siempre es buena, es un diálogo interno, y esos pensamientos son los que "El Caminante" nos transmite. En ocasiones son versos con rimas a modo de soneto, otras veces son como canturreos, pero detrás hay el fondo de un instante, de una situación, sensación o momento. No son filosofías, o enseñanzas, son solo una forma de describir los sucesos, o las emociones (aunque a veces simples) que vienen acompañadas de los hechos. Por ejemplo, alguien puede pedir una Coca-Cola en un bar (algo completamente intrascendente), pero "El Caminante" se queda quieto, escuchando, porque le encanta oír el sonido que hacen las piedras de hielo cuando el camarero las echa en el vaso (clinc, clanc, clinc). ¡Que tontería!, estará usted pensando, pero seguro que a usted, estimado lector, también hay cosas que le encantan, momentos absurdos, en que todo se detiene porque eso que sucede o acontece le genera un especial sentimiento. Puede ser que le guste el olor a pan recién tostado, o meterse en la cama con las sábanas limpias, o que pongan en la radio esa canción con la que tanto disfruta. A lo mejor lo que le gusta es abrir los sobres de las cartas con cuidado o le gustan como huelen los libros recién comprados. Puede ser que le cause hilaridad el observar el bigote blanco que se le queda a alguien después de beber un vaso de cerveza, etc. El día está lleno de cosas que le gustan, ¡vamos piense!, piense en lo que le gusta a usted. Pero normalmente esas cosas las consideramos intrascendentes, porque la felicidad que nos reportan es sumamente pequeña, pero ¿por qué no intentar disfrutar de eso que sabemos que nos gusta parándonos un momento sólo a deleitarnos con el instante? Es gratis; probablemente por eso no lo valoramos. Cuando vamos al cine o al teatro, pagamos una entrada esperando a cambio unos instantes (hora y media o dos horas) de distracción, entretenimiento o pasatiempo, pero ¿cuánto pagaríamos por ver una puesta de sol? ¿Hace cuánto, estimado lector, que usted no observa una puesta de sol? Fíjese en que el sol, se pone todos los días, es obvio, pero es obvio que no todos los días disfrutamos de ese espectáculo, perdemos cada día esa oportunidad. Es sólo un ejemplo de todo lo que sucede a nuestro alrededor y que decidimos evadir. Lógicamente, siempre hay algo de mayor trascendencia que hacer o algo más oportuno en lo que gastar el tiempo. Desechamos la idea de la felicidad porque parece algo lejano, un sueño inalcanzable, pero en esta vida hay momentos felices, pueden ser más largos o cortos, pero existen. Pero hay que reconocer que sin quererlo le damos más importancia a esos otros momentos en los que todo parece frustración o fracaso. "El Caminante" también experimenta esos momentos pero los utiliza para conocerse y aprender de sus propias lágrimas, disfrutando en sus reflexiones de su propia tristeza a la que considera una amiga con la que ha pasado demasiado tiempo acompañado. Es la tristeza la que en ocasiones le lleva a replantearse su vida y la que le lleva a meditar en los porqués. Su máxima aspiración es no aspirar a nada, su máximo deseo es no codiciar. Por eso, aunque triste, sabe cómo volver a soñar, a tener esperanzas, a creer en lo bueno. El caminante no quiere ser más en esta vida, quiere ser menos. Y eso mismo hemos pensado nosotros, porque todos en alguna ocasión hemos querido ser menos, porque todos en algún momento hemos querido ser como "El Caminante".

ARRIANDO VELAS

Esta noche volveré a ver el mar.
Soñaré que suelto la blanca vela
que hice con trozos viejos de tela
para navegar, para a ti amar.

El mástil lo haré con largas ramas,
el ancla será un pequeño palo
para rápido irme, si soy malo,
y alejarme por si no me amas.

Tus ojos serán para mí el faro
para orientarme en la galerna,
que si no estás, no siento amparo.

Sólo en el corazón una mella,
para recordar siempre esta pena,
la de no tener barco ni estrella.

PONGA OTRO, MESERO

Las horas pasan sin saber qué hacer,
sentado en un taburete de bar.
¿Quién sabe esta historia acabar?
El vivir: pensar y luego perecer.

Escribir sin final no tiene razón,
sólo luchar contra esta desidia
y ensoñar, feliz y sin envidia.
El morir: dejar de tener corazón.

Mi reloj no está, se ha perdido,
el viento se lo llevó a su paso
para él contar el tiempo vivido.

Es mejor conocer mundo que verlo.
Camarero, más vino en el vaso.
El estar: no ser, sino parecerlo.

MI RINCÓN

El día acaba con proposición
de mil contrastes y últimas luces
y no consigo como tantas veces
recordar vaga la tenue emoción.

Una piedra guardé en mi bolsillo
por si el viento sopla y me lleva,
pero no caerá del árbol la breva,
y tendré ideas como ovillo.

Si mañana vuelves, pregunta por mí;
aquí estaré, otra vez sentado;
o en otro lugar feliz me dormí

para no volver a oír más ruido,
siempre del atroz mundo apartado
a este sabio lugar he huido.

LLUVIA

Octubre, cielo gris, vuelve a llover;
y la fría agua moja las calles,
no perdona a las vacas, ni los valles,
y yo, cansado de mirar y no ver.

Observé mi reflejo en un charco
y vi lo que quise, un ser humano
esperando a que le den la mano
para salir de este viejo saco.

Triste lluvia que limpias las aceras
lava toda cabeza de rencores,
¡libéranos!, dime, a qué esperas.

Que prefiero ver lluvia que tristeza
en un mundo perdido, sin colores;
¡que llueva y despierte mi pereza!

NECIA TINTA

De mi pluma brota cada palabra,
cuando pienso, recuerdo y olvido,
sé lo que soy y no lo que he sido,
como el arado que en mí labra.

Escribo lo que veo y padezco,
lo que aprendí y ya no recuerdo,
lo que me callo y el labio muerdo,
cuando frío tiemblo y me estremezco.

El papel es del viaje carretera,
para caminando la huella dejar
como el que corre y no espera.

Ideas heladas como invierno,
que se acercan antes de alejar,
dejando su sombra en mi cuaderno.

EL CRISTAL

Hay un mundo detrás de mi ventana,
un jardín lleno de alegres flores,
tras el cristal no llegan los olores.
No sé si saldré hoy, mejor mañana.

Desde aquí veo pasar la gente
con sus negros paraguas y bastones,
vidas también grises, sin emociones.
Yo no estoy loco, solo demente.

Desde aquí se ve mejor la vida
aceptándose en vez de negarlo,
el billete tiene vuelta e ida.

Este lado es el que yo prefiero
y, si quiero, todo poder mirarlo
desde mi cristal: el mundo entero.

EL VAGABUNDO

Si callas, te contaré mi historia,
de el por qué comencé a caminar
para observar en otros el penar
de la riqueza, de esa escoria.

Vi como a niños llorar a nobles
y a comerciantes volverse locos,
has de creerme, y no fueron pocos,
por eso paseo entre los robles.

Sé del mundo cosas que nadie sabe,
y todo lo que tuve que aprender
en las arrugas de mi rostro cabe.

Con secos labios silbaré la canción,
una que sólo yo puedo entender,
la de este vagabundo sin nación.

VIENTO

Siento bajo mis pies las secas hojas
que se cayeron por esta tempestad.
Volved a soplar; aires, vientos; cantad.
Tú que al árbol de verde despojas

¿por qué junto a mí quieres caminar
y susurrarme cosas al oído?
Te escucho, pero sólo te pido
que mi blanco pelo vuelvas a peinar.

Nadie te ve, pero todos te sienten
y como tú libres quieren volverse.
Si no dicen así, créeme, mienten.

Tú que tan rápido puedes moverte,
empuja ya a los que quieren irse,
sopla con furia, viento, sopla fuerte.

A LA SOMBRA DE UNA ENCINA

A la sombra de esta gran encina
me he sentado para poder dormir
y, por fin, este sueño no reprimir.
El que todo sabe, nunca opina.

Este árbol fue tan solo bellota,
después hojas, y el fruto en rama.
Yo no quiero ni crecer, ni la fama.
El que sólo ve, nunca se agota.

Siento la tan ansiada tranquilidad
del que cierra los ojos lentamente
para cobijarse en su soledad.

Seré como este árbol sin dueño.
El que sincero calla, nunca miente.
Silencio, que ya comienza el sueño.

LA ARDILLA DEL ARBOL

Trepa por este árbol, una ardilla;
pero siempre muy despacio camina,
saltar a otra rama no atina,
siempre la miro desde esta silla.

Pero ella nunca a mí me mira,
sus ojos nunca de tristeza lloran
ni sutil viveza tampoco cobran
no siente amor, ni siquiera ira.

Ningún niño la intentó atrapar.
Siempre se mantuvo a la espera
para algún día poder escapar.

¿Cuántos años ya, ahí, has estado?
- "De barro soy, aunque no lo quiera"
(contestó ella).
Hasta mañana, si no he marchado.

EL DESAYUNO

Siento en mi cara suave brisa,
olor a pan, mantequilla y café.
Por fin paz y sosiego, sentir la fe,
desayunar tranquilo y sin prisa.

Los campos no entienden de rutina,
de horas punta, trenes, ni tranvías,
de vidas torpes, huecas y vacías
que no pueden cruzar la línea fina

que separa el quiero del no puedo
mostrando de los sentidos negación
para ocultar del entorno miedo.

Mejor será no darse nunca cuenta
y contentarse con cualquier emoción,
que permitir que el corazón mienta.

AL CALOR DEL FUEGO

Déjame a tu lado calentarme,
déjame ver tu tan dorado fuego,
que sentiré el duro frío luego
bajo las estrellas, al acostarme.

Ayer del árbol verde rama fuiste,
hoy eres la seca leña cortada,
mañana simple ceniza quemada
que el viento esparce gris y triste.

Al fuego todo quema, todo arde,
hasta los recuerdos y los penares,
los de hoy y los que llegarán tarde.

Más madera y aviva la brasa,
que ya seguiré con estos andares
por la tierra fría, que es mi casa.

EL ÚLTIMO VIAJE

Ya viene el viejo barco, cansado
de faenar y recorrer los mares,
de andar por mil costas y lugares,
para estar al puerto amarrado.

A las estrellas señaló tu mástil,
y tu proa fue nido de gaviotas,
hoy sólo te quedan las tablas rotas
que dejó en su furia el mar hostil.

Sientes de cada ola caricia
y ese sabor fresco y salado
del Mar del Norte, de agua Fenicia.

Volverás tranquilo al Océano,
hundido, sobre el lecho posado
a ser el gran barco, barco anciano.

ESTA NOCHE

Esta noche viajaré a la luna,
iré allí tranquilo, para sentarme,
solo, pausado, y en silencio ausentarme,
para observar de las estrellas sólo una.

He arrojado los dados de la suerte,
por si esta vez sale otro seis
y vosotros planetas, irme a casa veréis,
en paz y dormido, para poder verte.

En un avión de papel subiré a Marte
y pasearé por sus rojas laderas,
romperé mentiras, y palabras verdaderas,
y así, sólo así, conseguiré amarte.

¿Soledad? ¿Dónde estás?
Ahora, quiero verte, muerta, quieta e
inerte.
Te fuiste, recuerda, no vuelvas atrás.

Esta noche viajaré a la luna,
marcharé allí para quedarme,

me perderé para luego encontrarme…
…y tomar de las estrellas, para ti, sólo una.

EL SOMBRERO

Ayer vino hasta mí un pájaro.
Yo, confiado, miraba sus alas,
pero sus intenciones eran malas
pues rápido me robó el sombrero.

¿Por qué me lo quitas? Has de traerlo.
Me daba tanta clase y distinción.
Ya no tendré de nadie aprobación.
Tú no puedes usarlo en el vuelo.
Un momento…

Ahora, sobre la cabeza siento
la liberación de ese gran peso,
la lluvia, mi identidad, el viento.

Gracias por quitarme lo que más quiero
para que la brisa me de su beso.
Ya no necesito ningún sombrero.

LA CARICIA

Bajo un cielo color melocotón
sentí que el mar acariciaba,
agarrado a una cuerda por el océano
vagaba
junto a un barco de cartón.

No me asustaba el gris de la nube
sólo disfrutaba de ese viento
que no me hacía sentir viejo, ni lento,
que me mostraba lo que deseé y nunca
tuve.

Sólo las olas y mi corazón
latiendo feroces, latiendo libres
a un mismo son y sin razón.

El sol distante me contemplaba,
queriendo sentir lo que sienten los hombres
que como yo sueñan,
soñaba que el mar acariciaba.

ESPERAR

De tanto mirar me duelen ya los ojos,
de no ver sonrisas, y ver sólo llanto,
me duelen los ojos, me duelen tanto
que ya no lucen, que están irritados y rojos.
Vale más juntar los párpados, y cerrarlos,
o liarse a la cabeza el manto.

Me duelen los oídos, me duelen tanto
que me dan ganas de taparlos.
Todos saben que las sirenas no existen,
nadie las ve, pero todos escuchan su canto.

Me duelen las narices, me duelen tanto,
que no sé por qué aguantan, ni cómo
resisten.
De toparse con puertas, de golpes y
puñetazos
y en mi corazón, heridas, grietas y
arañazos.

Pero no estoy triste, sólo digo mi
sentimiento,

que otros callan y no dicen, fingiendo
felicidad,
esbozando sonrisas vacías, falsas de
frialdad.
Bien digo la verdad, creedme; no miento.

Pero en todo hay siempre esperanza
para el que espera paciente, para el que
mira,
escucha y siente, aunque el mundo gira y
no avanza.

Esperaré, esperaré… ¿A qué?
Esperaré ¿Cuánto?

Esperaré a que el alma no me duela.
Esperaré a que no me duela tanto.

LA SOMBRA DE LA GAVIOTA

A la sombra de una gaviota quiero
parecerme.
Tocar la mar, tocar la arena.
Subir al cielo y tocar el sol que me quema.
No tener nada y de luz alimentarme.

Sólo quiero ser negra sombra,
que nada padece, que no siente y
desaparece.
Cuando el cielo se nubla y en silencio
perece
negra sombra, oscura silueta que zozobra.

Sólo quiero ser blanca gaviota
que extiende sus alas y por el cielo vuela
y a la que nadie puede ya seguir su estela,
beber del salado mar, beber gota a gota.

Llegar hasta esas tierras, a la isla lejana
donde no llega nadie, donde nadie habita
y sentir la brisa fresca de la mañana
ser el pájaro que de la orilla escapa
que no se queja y que callado grita

para marchar sin brújula y huir sin mapa.

Cuando la gaviota canta, nadie sabe si ríe o
llora.
Quién sabe distinguir alegría de tristeza
quién diferencia habilidad de torpeza
quién mantiene la sonrisa indolora.

Quiero, como la gaviota, tener llanto
que de mis ojos broten lágrimas sin
consuelo
que me empujen a emprender el largo
vuelo.
Quiero llorar sin parar, quiero llorar mi
lamento.

Y si la gaviota al cantar expresa risa
quiero sentir del corazón atroz carcajada,
como el que de todo se ríe, sin tener nada,
como el que se eleva y bajo sus pies nada
pisa.

A la sombra de una gaviota quiero yo
parecerme.
Me iré volando para riendo o llorando
como la gaviota alejarme.

MI HABITACIÓN

Qué feliz me siento, cuando regreso
a mi lugar, a mi sitio, soledad.
Ahí fuera sólo tiemblo de frialdad,
aquí de mí mismo, soy yo el preso.

Me doy de arena mi largo baño
de pensamientos que son solo tierra.
Me atrinchero en mi loca guerra
que me hace tanto mal, tanto daño.

Un gran sol tengo en mi habitación.
Lo capturé mientras éste dormía,
así me marca día y estación.

Sólo para mí me da luz y calor.
Ahora la tierra está tan fría,
que sólo disfrutamos yo y mi flor.

Tranquilo veo todo inundarse
por eso duermo en esta bañera,
para no acabar de tal manera.
Pero mañana habrá que mojarse.

Tendré que devolver el sol de nuevo.
La flor le echará mucho de menos.
Se acostumbró a sus rayos tiernos.
Mi problema: ver cómo lo devuelvo.

Todo será como en un principio,
calles con luz y esto a oscuras,
esto sucio y el resto tan limpio.

No seré tan feliz, cuando regrese,
pero no rasgaré las vestiduras
porque aquí de mí mismo soy preso.

ME PONE CUARTO Y MITAD

En el mercadillo del recuerdo
quiero comprarme un nuevo corazón
que no conozca la lógica razón
entre lo que gano y también pierdo.

Quiero un corazón de rojo pasión,
que ya tengo mil obligaciones
y de la mente son imposiciones
lo que genera esta gran confusión.

Le haré en mi interior un hueco
para que él libre pueda moverse
y, al latir, sentir en mí su eco.

Le dejaré que encuentre la sazón
para saltar y tan loco volverse…
Hoy me compraré un nuevo corazón.

EL PALO

Fue en la playa, sobre la arena,
donde encontré el palo tirado;
lo observé por un rato, callado.
Lo que mar empuja, la tierra frena.

Las olas con él se entretenían;
cuando lo recogí pude recordar
que todo se tiene, si se sabe dar,
que más tienen los que nada ansían.

El palo en la tierra fue mi pluma
para escribir sólo la palabra
que desapareció con la espuma.

Todo viene como también se marcha.
Ola, palo, escrito, luz y sombra.
Hoy hielo, mañana simple escarcha.

HOJAS SECAS

Mañana, las hojas secas barreré
de las tristes aceras del corazón,
donde perdida estará la razón,
y, aunque busque, no la encontraré.

Es porque quiere de mí ocultarse,
para que ver su cara nunca pueda
y la mente gire como la rueda
de un carro que no puede moverse.

Razón, si quieres, vete para siempre,
pero no hagas daño, no me roces,
busca algún infeliz que te compre.

Prefiero vivir sin ti, que tenerte
y oír mi lamento y no tus voces.
Por eso, espero no encontrarte.

VIEJA AMIGA

¿Cuánto tiempo? Bienvenida tristeza.
¡Cuánto yo te he echado de menos!
Tú que bien sabes colocar los frenos
del sueño e ilusión de mi fuerza.

Eres como ese café amargo,
te gusta si estás acostumbrado
a caminar por la vida de lado
y a beberlo todo de un trago.

Ahora somos viejos compañeros,
amigos y unidos sin remedio
y con el tiempo eternos viajeros.

Tristeza, juntos en un nuevo reto,
te irás gris y fugaz con el tedio.
Tristeza, ya estás aquí, has vuelto.

LA ÚLTIMA SONRISA

Sólo las hojas amarillas cuentan
lo que todos saben y no dijeron,
lo que tercos y ufanos callaron,
lo que esas mentes viejas ocultan.

Hubo un lugar, un lugar en el mundo,
donde existía la felicidad,
donde, por vetusta murió la maldad,
donde dichoso era oriundo.

Nadie sintió nunca resentimiento
nadie se vistió nunca con el rencor
nadie tuvo nunca remordimiento.

La lluvia eran gotas de dulzura
que embriagaban suaves cual licor
mezcladas con el aire de ternura.

Pero un día alguien no sonrió.
La razón era sencilla y simple,
la risa no se cambia, no se suple
y él, ese alguien, nada profirió.

Aquel día no recordó el gesto,
la mueca de la sonrisa olvidó,
tornando carcajada en gemido
en su ser, en su faz y en el resto.

Del serio mirar fueron contagiados
y sólo mayores pueden recordar
los días de felicidad pasados.

Si tú, aún hoy, consigues sonreír
procura libre carcajadas brindar
pues hasta tu sonrisa puede morir.

MANOS FRÍAS

Manos frías sobre la espalda,
temblor en la voz y en las entrañas,
dolor desde el ser hasta las pestañas,
tenerlo todo y no querer nada.

Manos frías como la falsa plata,
que sin valor en la vida se cambia
todo el tiempo perdido con rabia
en recuerdos fríos de hojalata.

Manos que saludan a nuevos días
de lluvia, frío, viento y escarcha.
Manos que acarician, manos frías.

Que recogen lo que cae al suelo,
que lentas despiden al que se marcha.
Manos frías, las que tocan el cielo.

DORMIR SOBRE LAURELES

Otra vez volando a la deriva
entre tierra y el azul del cielo.
No quiero volver ni dejar el vuelo
ni encontrar una alternativa.

Sobre los verdes laureles dormiré
para no pensar y vivir soñando
que estoy en mi mundo anhelado;
con cerrar los ojos, allí estaré.

Cantaré una canción, un poema,
bailaré con la luna y mi sombra
resolverá así cada problema.

Al río como piedras los tiraré
y veré que mi alma vida cobra.
Sobre nubes en tierra, hoy dormiré.

LA LÍNEA

La vida que pasa se escribe
en miles de hojas que marchan blancas
sin letras, hojas delgadas y flacas
cartas que nadie lee, ni se reciben.

Quisiera yo escribir en mi vida
una sola línea, un renglón largo
sin lágrimas, sin nada amargo.
Mis sueños yo daré al que los pida.

No será epitafio, ni resumen
diré que no hice y pude hacer
y esa será mi frase, mi amén.

Para saber el por qué del momento
para seguir adelante y crecer
para esparcir las hojas al viento.

EL SILENCIO

Es más importante lo que callamos
que lo que decimos, sin conocerlo.
Lo que guardamos seguro, sin verlo.
Aquello que buscamos y hallamos.

Más importante es lo que soñamos,
con la luna, con el cielo, con el mar,
que ninguna vida pasa sin amar,
así reímos y también lloramos.

Mejor es lo que un día creímos,
creímos ser sol, creímos ser nube.
Somos esos niños que nunca fuimos.

Larga es la vida del caminante
mejor es lo que sé, que lo que tuve.
Los sueños… eso es lo importante.

EL PARAGUAS

Un gran paraguas con mis manos haré
por si llueven del cielo las estrellas,
luces de colores y cosas bellas,
debajo de él yo me protegeré.

De blanca nube coseré la tela,
varillas de vieja y seca caña
con la caricia del agua que baña
la lágrima que apaga la vela.

En las calles charcos de sentimiento
que fríos muestran mi propio reflejo
no quiero con mis pies pisar el viento.

El paraguas lo llevaré cerrado
porque nunca me gustó el espejo.
A que llueva esperaré mojado.

UN DÍA MÁS

Otro día más gira la esfera,
pero tampoco cruzarás la puerta
que siempre estuvo en ti abierta,
lejos de esta sala de espera.

Quieres reír y cantar, quieres saltar,
ser pálida sombra y la luz fugaz,
con la mirada del triste y sagaz
interior ya cansado de lamentar.

Barco de arena, avión de plomo,
polizón que se oculta del sueño,
no sabes el por qué, no sabes cómo.

Para andar ponte las viejas botas,
que usan aquellos hombres sin ceño.
Las lágrimas volverán a ser gotas.

Para andar ponte zapatos viejos,
que usan los que no tuvieron dueño,
y llegarás allí, del mundo lejos.

LA BÚSQUEDA

Que difícil resulta el dormir
cuando se duerme sobre piedras.
Arroparse con la piel de un tambor
viejo y triste que no suena.

Que fríos se quedan los pies,
cuando termina el ayer
y no empieza el mañana.

Que triste se queda el alma,
cuando no viaja, cuando no descansa
de preguntar y responder
de gemir y de gritar al alba.

Que oscura se vuelve la llama,
la del sol, la del desierto,
la de una vida que busca calma.

EL PERRO

Ladra un perro a mi lado,
le miro sin que a él le importe,
no le interesa mi aspecto, ni mi nombre.
Lo único que quiere es no estar atado.

Ahora yo le miro a él,
está sucio, es feo y tendrá pulgas.
En mi cabeza ronda una duda
¿Cómo se llama? ¿Será un perro fiel?

Ojalá pudiese yo mirar con tus ojos,
que no juzgan, que no pretenden.
Ojalá no tuvieses cadenas para ir lejos.

Mejor sería yo siendo perro
que tu haciéndote viajero.
Que los hombres elegimos las cadenas
para que nos aten
y a ti sin quererlo te las pusieron.

ROPA MOJADA

La luna me contempla, tumbado sobre la
arena
mirando el cielo, mirando las estrellas.
Miles de luces, cristales de botellas.
Tocarlas quisiera, mas hoy no habrá cena.

La ropa mojada me recuerda
que para navegar, no es necesario saber
nadar,
pero ayuda cuando caminas sobre la
cuerda.
Mañana tendré que correr y no solo andar.

Otra vez a mirar el cielo, otra vez aquí
tumbado.
Náufrago de mi vida, sin final de cuento,
me perdí en la calle, la calle del pasado.
Y todo me huele a sal de mar, sal de un
mar revuelto.

Arena en los ojos que llega en invierno.

Solo, frío y mojado. No creo en el infierno,
pero me reitero en mi mundo y en mi momento,
mar gris y fiero… es el mar del sentimiento.

INSPIRACIÓN

Aguas tranquilas, mar en calma.
El viento empuja las viejas nubes
que vuelven cada día
a inundar mi ser, a llover mi alma.

No es tristeza, no es frío,
es el reclamo interno,
lo que miro, sin ser visto.
No es pereza, ni tuyo, ni mío.

Solo en la noche, un grito,
aliento que busca retorno
del final que no encuentro,
insinuación fugaz fuera de sitio.

El aire que ciega, la luz que empuja,
sonido que no cesa
de repetir, que afirma
y que todo lo niega.

Gris si lo miras,
azul si lo sueñas,

blanco cuando duermes,
negro si despiertas.

A cerrar los ojos otra vez,
por si mañana no regresase,
pero no te olvides
que sin ti no soy, y que sin mí nada eres.

CARTAS

Cartas al viento, que no mueran los sueños,
que si volar quiero es para no pisar el
suelo.
Al caer al mar se borrarán la tinta
y el pensamiento.
El papel no es eterno
y morirá mojado en su lamento.

Cartas al aire, y el resto en silencio.
Que al horizonte lleguen en su viaje
y hablen como lo hace el viejo,
del pasado, del presente, de mi sentimiento.

Yo seré el papel que desaparece
confundiéndose lento con la olas de un mar
fiero.
La tinta goteará como las luces
de estrellas lejanas en el firmamento.

LA MANTA QUE ME ACOGE

Esta negra noche que me arropa
no deja que brote mi gran suspiro
lleno de un gris sol infructífero
que se bebe el vino de mi copa.

¿Hacia donde? y ¿Cuál es mi camino?
Sí, otra vez he gritado al aire
y no hay un eco que me ampare
porque bien erguido no me resigno.

Seguiré al viento y su estela
bajaré a frías profundidades
iluminado por mi propia vela

harto de las grandes deslealtades
del que se hunde y luego encela
buscando necio mis propias verdades.

I

¿Cómo se siente el que nada siente?
el que nada responde, ni pregunta
y cada mañana solo despierta
pensando en lo que vendrá de frente.

II

Maldito poeta que en mí moras
cuántas veces quise rudo odiarte,
pero es sensatez difícil arte
cuando los sueños ocupan mis horas.

POR EL MURO

Hoy tendré que caminar por el muro
para dejar de ver mi sombra negra
triste y fría irse porque peligra
en un desierto de crisol oscuro.

Con los bolsillos vacíos de suertes
y de las eternas lágrimas secas
que nos hacen débiles y mas fuertes.

Iré hacia el sol aunque me ciegue
no cambiaré de rumbo ni dirección
porque nunca aprendí otra opción
que dejar que el sentido se pliegue.

Seré silueta al horizonte
y en mi cara brotarán las muecas
del que buscó sin encontrar su Norte.

RAIZ

En las noches más frías y oscuras
regresaré al olivo mas alto,
porque de ser raíz ya estoy harto
de buscar bajo tierra las usuras.

El viento aliado será peine,
que juegue con mi pelo y me huela
en estas tristes vigilias en vela,
tapando mis oídos cuando truene.

En ese árbol viejo y cansado,
es mi triste sonrisa por bandera,
la que me verás poner obstinado.

Porque uno mismo, sólo se sabe
bien conocer, de forma verdadera
viendo lo que en el corazón cabe.

SILENCIOS

Porque ya no huelo aromas necios
y aunque lo intente no recuerdo
la última vez que no sentí miedo
cuando mudo buscaba los silencios.

Resuena siempre misma melodía,
que me alardea, toca y canta
cada hora, cada noche y día.

Son todas las arrugas de mi rostro
las que sinceras me dicen que falta
el sol en este paisaje u otro.

Porque nunca empiezo lo que dejo
y aunque con el corazón enfermo
es la última vez que nada temo
al admitir que nací siendo viejo.

ROBANDO A LA VIDA

Todo pasa en la vida fugaz,
como el niño que espera los días que
vendrán,
impaciente, mirando esta botella
que contiene la luz de las estrellas.

El tiempo se tragará al día
o los días se comerán el tiempo
más un deseo se eleva y escapará
como la música de un pobre en invierno.

Es la vida la que nos roba
o nosotros le robamos a ella
la oportunidad de ser y sentirla.

Nos da, nos quita, nos pone...
¿tristeza, o tan solo felicidad?
¡Qué más da! Si vivo se está para quererla.
Que todo pasa fugaz,
por eso, a esperar lo que vendrá.

BUSCARÉ

A veces basta con respirar
y a veces es necesario crecer,
comprender que el día es amanecer.
Cerrar los ojos para poder mirar.

Inspira del aire, inspira el aire que yo
respiraré.
Espera la vida, la vida me espera, que yo
me esperaré.

Y la Luna se torna en Sol,
cada mañana con un simple amén
y cambian las estrellas el rol
buscando su luz de ser.

Buscaré en la raya del alba
lo que el tiempo dejó para mí.
Buscaré en la playa del alma
las huellas pisadas por ti.

Jugaré con la pena descalza
que me trajo de nuevo aquí.

Sentiré una brisa cálida
como el que sueña libre, sin fin.

Y una estúpida canción
se graba con cincel sin el perdón.
Si me veis sin juicio huid
pues solo se está, con la razón.

Ataré mis sentidos al ancla
de un tren que partió sin mí.
Quemaré miles de cartas
escritas con la mano febril.

Romperé cristales de casas
con piedras de negro hollín.
Y feliz buscaré al alba
lo que al tiempo dejó mi raíz.

BORRACHO DE MI MISMO

Cerrar los ojos para ver mucho más
que lo venidero, que lo ausente,
borracho de soledad y de gente
dulce tristeza siempre, maldad jamás.

Un interior ya desaparecido
grita y de frío se estremece
de parco, porque no se lo merece
oscura senda, camino perdido.

III

Dejadme dormir aunque me duelan los
sueños
dejadme gritar aunque muera por dentro
dejadme describirme con fría tinta
dejadme pensar en una sonrisa.

NOCHE

Dicen que el sol hoy me ha visto callar
y ha sido mi cómplice desde el cielo
dormido,
sintiendo mi corazón
palpitar desde la mañana.

Asustado y sin delito,
es lo que siempre he sido.
Ojos que sirven para no solo mirar
y tacto de cálida tristeza.

La noche me quiso esperar
para que le contara, para que le dijera
el secreto de mi media sonrisa
y el por qué de la burla de mi vida.

Y le respondí quieto y enfurecido:
"mis palabras son sólo mías",
por eso noche, me tienes envidia.

IV

A través de los ojos, no se puede pensar.
A través de unos ojos, no se puede callar.
A través de esos ojos, solo se puede soñar.

¿Y SI...?

Y si pierdo la fe en mis sueños…
¿Qué valgo? ¿Cómo existo?

Y si solo soy yo mismo…
me miento o me lastimo

¿Cuánto vale no valer para nada?
Seré mejor cuanto menos sea.
Será mejor no tener ni idea.

Prefiero ser camino pisado,
que zapato que avanza pisando.

¿Quiero ser lo que soy?
Prefiero ser yo mismo, me guste o no.

Y si ya perdí la fe en mí…
¿Qué tengo? ¿Cómo sentir?

Y si solo soy uno más…
no pienso o no imagino.

¿Cuánto vale no querer ser nada?
Seré peor cuanto más posea.
Seré más necio cuanto más sepa.

¿Qué soy si no soy nada?
Entonces es cuando en verdad soy.

V

A veces pienso que…
no vale la pena existir.
Y otras veces me doy cuenta que en verdad
no vale la pena existir sin pensar.

VI

Luna llena, dime cuál
es el secreto de tu paciencia
observando la Tierra.
A veces tan lejos,
a veces tan cerca.

UN SOLO MOMENTO

Luces y brillos de eternidad,
extrañas sombras de la mirada frialdad,
sueños tristes de un pobre loco,
fugaz silencio que canta el que está solo;
ese es el tacto de las manos.

Quisiera yo poder sentir
que ando por el camino tenue y gris
de un adoquinado corazón de piedra.
Sol fatuo que siempre me rodeas;
esa es mi luz y mi delito.

Sé que más allá, más allá de mí,
existe un lugar de sueños, libres y sinceros.
Es la roja sangre del sentimiento.

Quisiera yo poder entender
el por qué de todos los momentos,
luces y destellos que me atrapan;
ese es el instante perpetuo.

No existe maldad…

…y no existe el tormento
en el instante feliz,
en mi momento eterno.

VII

El viento de todo la culpa tiene,
por ser frío,
por sagaz,
por no ser visto.

NO MIRES AHÍ

Las grietas del alma son los surcos
donde se esconden los sentidos.

Donde merece la pena no barrer,
donde no compensa mirar.

Y no me hables de huir,
que no quiero llorar, ni fingir,

sólo escuchar y dormido oír
el chasquido interior del ser.

CONSUELO

Dame el consuelo de no ser,
dame la calma de no sentir,
viento seca mis lagrimas,
lluvia moja al mundo, mójame a mí.

Despójame de miedos y temores,
que resurjan los sueños,
dame el consuelo de no existir
como soy y como fui,
dame la calma de mi tristeza feliz.

ASÍ DE FÁCIL, ASÍ DE COMPLEJO

Puedo percibir el olor de la tristeza,
puedo quemar hogueras al amanecer.

Pero de nada sirve el llorar
ni andar hacia ningún fin,
cuando no se espera nada
salvo lo que ha de venir.

Sinfonía del que padece,
mal agrio para el que se entromete.

CAMINO Y SUSPIRO

Sintiendo frío, un pensamiento fugaz soñé,
cuando solo caminaba con el instinto
cobarde,
una franqueza difícil de definir,
sólo una idea inexplicable.

En el sitio donde crecí ya no queda nada
mío
ni flores, ni risas, ni maldad.
Todo empieza en palabras hermosas
y continúa con lo que hay, con lo mismo.

Mis pies me miran, desconocen a donde
van,
dudan de donde vienen.

Es la luz al caminar…
es el hondo suspirar.

Cada aliento, es solo aire demente,
es la chispa que un hielo frío enciende.

Luchando en mis infiernos
con el olor de secas rosas
empujando toneladas de viento
con las alas frágiles de una mosca.

La oscuridad que viviré
rodea siempre el mar.

Es la luz al caminar…
ese es mi suspirar.

ANDÉN DE ESTACIÓN

Hay quien no sabe qué hora es
confundiéndose en su aflicción,
como el viajero que intentó hacerme
aprender
multiplicar en el corazón sin dividir.

Blasfemia del error, ávido y tenaz
por el dolor de una Luna pálida y febril.

Sólo suena en mi interior
una música de mar,
cuando miro al azul y gris
del pasado que quedó atrás.

Y ya se secó mi frente
de pensar en un andén.
Son la férreas vías del viaje
las que sin saberlo aquí me devuelven.

Sintiendo los susurros de un triste invierno
de una estación vacía, que me ha visto
partir.

La dicha no es tan feliz.
La felicidad no tiene sonrisa.
La risa se queda sin mí.

ENEMIGOS EQUIVOCADOS

Cuando el que peor te trata
es uno mismo,
todos los enemigos con los que se luchan
son equivocados.

Porque batalla perdida
es aquella que no se empieza
y derrota constante es vivir peleando.

Bien vale la paz del sueño,
la insensatez del olvido,
el andar fugitivo,
el camino del errante.

Que corra o pare,
que duerma o despierte,
vivir o intentarlo es lo que vale.

ESTRELLAS

Por la soledad que me empuja al mar…
quietas inertes, pero volverán.
Las estrellas lejanas hoy lloran
por la triste pena de no poder amar.

Y todas las noches oigo su gemir
cuando todos hablan y todas callan
en el gran cielo su consuelo hayan
para reflejar luz, para nunca dormir.

Sé que siempre estáis ahí
¡juzgadme! si estos ojos se acostumbrasen
a miraros sin sentiros
¡odiadme! pues ya no seré el que os enseñe
a huir cuando todos os obviasen.

Siempre y escondido seré yo
el que os ensueñe.

MIRANDO AL SOL

El día que miraré al sol
dejaré de ver lo que todos ven
y comprenderé en verdad mi ser
a oscuras y solo, buscaré mi luz.

Ya no recuerdo mi nombre
ni quién fui o debería de ser,
sólo sé que emprendí un viaje
por el camino que me trajo aquí.

Y he olvidado los porqués,
ya no tengo conmigo las razones,
las perdí a lo largo del caminar;
ahora existe el único yo.

El cielo es mi techo,
mi pies el verdadero timón,
no he mirado hacia atrás
porque también soy mis recuerdos.

Y gritando por fin al alba
veré como pasan los días,
curtido por vientos y penares
en el día que miraré al sol.

VIII

El sol tiene cielo y las nubes aire
yo tengo los dedos para tocar el
firmamento
y los sueños para flotar y elevarme.

Que seré blanco, que seré ligero
subiré a lo alto para no bajarme
empujado por mi nube, sujetado por tu
viento.

SOY

Quiero naufragar para sentir agua,
para despertar, para esconderme,
para gritar y para no moverme,
buscar miedos para encontrar tregua.

Quiero hundirme en mis soledades
y ver como soy en verdad por dentro,
encontrar las mentiras y verdades
donde mueren las ideas, mi centro.

A veces soy todo y siempre nada,
soy regreso y la torpe huída.
Hoy seré lo que quiera ser mañana,
seré libertad y mi aduana.

Sería luz, pero soy lo que puedo,
así soy dentro, soñar es mi credo.
Si soy fuego, sería la llama,
si fuese grito, soy el que te clama.

CHOCOLATE

Tomaremos chocolate espeso
y a nuestra niñez retornaremos.
¡Que en un dulce olor nos tornemos!
Los labios mancharemos con un beso.

Celebremos que vivos hoy estamos,
pues en este mundo hay mucho muerto,
que nos quieren privar del momento,
por eso liberémonos, riamos.

Mi gusto es por ti seco y dulce,
pues cuanto más negro y aun amargo
mejor es mi premio, mayor mi goce.

Más ya no es tiempo de tanto juego,
pero siempre hay bombón que disfrace
mi pueril inocencia, mi gran ego.

TESOROS DE VIENTO

Me he calzado una negra boina
para que de mi cabeza no salgan
los garabatos que no se arraigan
y para que se pudra mi inquina.

Porque de barro hasta las rodillas
y arena en el pelo estoy lleno,
sin ser estúpido, sin ser villano,
con mi talego lleno de polillas.

Vaciaré los adentros de cristales
he de guardar mil tesoros de viento.
No hay mal consejo, ni formas tales.

Soy el dibujo de mi propio cuento,
dímelo en silencio, no me hables
pues solo la cruel muerte es lamento.

TRISTEZA POR UN SUEÑO

No soy frío, no soy tibio, no soy preso,
no soy dueño de elegir mis vías,
no puedo volar, no sé llorar.

Siento que añoro,
pienso que lluevo sobre aceras de barro.
Sé que no soy agua, sé que no soy gota
blanca.

Pero a veces crezco, en ocasiones soy fiero
sin esperar milagros del hielo,
me siento, me callo y me duermo.

Y otra vez me elevo
a mis mundos azules de cálidos inviernos.
Me fundo con la brisa suave en el cielo
y más tarde en el océano de mis versos me
sumerjo.

A explorar, a escribir, a sentir lo que
siento.
Y sudo de frío, y a veces me creo muerto,

pero siempre vivo para no contarlo
y para creerlo.

Para ser libre, para ser etéreo
y pensar, no recordar y poco a poco
volverme sereno.
Borracho de dudas, infame y grosero.

El mechero del troyano, vil Cyrano.
No me dejes… dame tu mano.

Y afilaré el lápiz que alguien clavó en mi
costado.
Perdido, ahogado y desorientado,
busco paz, mi calma, un mundo anhelado,
para huir, para pintar barcos con alas
y aviones naufragados.

El marco de mi cuadro,
la hoja de mi cuaderno,
la música que no toca ningún instrumento.

Con los brazos en alto
saludo a la Luna y me abrazo al silencio.

Es la vida, es mi tristeza por los sueños.

CAPRICHOS

Y si vuelve el sol a llamarme
y si regresa la luna para mentirme
y susurrarme al oído los rumores del
viento.

Un viento roto que ayer congeló
a aquel que nunca quiso sentir
a ése que solo fue pluma de gaviota
empapada en agua de mar.

Otra vez negaré a la tierra su poder,
a las raíces su afán.
Y a mi virtud coseré desdenes de soledad.

Me mojaré los pies
y caminaré con la mirada entornada,
para no perder el Norte,
ni encontrar moradas.

Y recorriendo caminos,
hablaré con mis propios desatinos.

Embriagando mis ojos con soles de
esperanzas y momentos fallidos.
Y tumbado en arenas de mil lamentos
veré crecer de la sucia tierra
los geranios de los sueños.

Las guirnaldas de las nubes
y su vapor sincero,
que me miran, que me hacen sentir
efímero, enfermo y eterno.

Subo a su lado y toco su lecho,
duermo sobre el blanco rosto
y después le robo un trozo de algodón
que aún conservo…

y lo miro, lo guardo y si quieres te lo
entrego.

Después de fundirme despierto,
mojado en negros mares y otros océanos,
que transformo en calmados estanques
de flores y cuentos.

Hojas de libros que ya no leo,
historias perdidas fuera de momento,

conjuros y astucias dignas de un perverso.

Pero el descanso es eso,
volar y pararse, nadar y hundirse,
ir y regresar, tener y perderlo.

Joyas de oro que veo en desiertos
para que se pudran de celos,
por no ser de nadie, solo deseos.

Fuegos, brisas y más silencios.
Juegos, risas y mis recuerdos.

LÁGRIMA

Hoy he visto caer una lágrima.
Al irse me miró sonriendo,
creyendo ser rocío que se junta con el agua.

Porque no todos los llantos son pena
ni todas las alegrías canto,
no son los días siempre gloria
ni son los males los mejores remedios.

Por eso, que caigan las lágrimas
y que se retornen agua,
como yo siento retornarme en viento;

y cuando lleguen al suelo,
porque a lo mejor no llegan,
serán libres, tan libres como yo quiero.

LÁPIZ

He invertido todo mi tiempo,
he atesorado mis bienes,
y con el cúmulo resultante
he comprado lo que no tengo.

Pues he cambiado, lo que fui y lo que soy
por el presente y el momento.

Por eso en mi trato aporté lo que aparento
y en el juego tuve fortuna
pues he ganado algo de un valor más
intenso.

Todo lo he mudado por un lápiz,
¡sí¡ por un lapicero.

-    ¿Y para qué quieres algo tan
modesto?
Para pintar lo que yo quiera, en cualquier
situación y lamento.

Si quiero pinto un corazón,

si me da la gana lo coloreo,
lo lleno de gris y a volar sin miedo.

Pero luego quise más y me compré una tiza
(soy avaro, no lo niego)
y con ella he pintado los soles de invierno,
y flores blancas en asfaltados pavimentos.

Ahora pinto en cuadernos y por las calles,
decoro vidas y tiño los paisajes,
dibujo las sendas por las que camino,
los vados por los que respiro y las sombras
fugaces.

Y pinto, y pinto, y pinto…

Sin colores, sólo blanco de tiza,
sólo negro de lápiz.

Sólo líneas rectas,
rayas que no son de nadie.

VOLANDO CON GLOBOS

He comprado un millón de globos
para llenarlos a base de suspiros.
Porque no hay excusas y no existen los
peros
en un niño con sus eternos juegos.

Y poco a poco los hinché de levedades
hasta formar un ejército de redondos
colores,
harto de críticas y de malos rumores
buscando en esas esferas vanidades.

Sin darme cuenta empecé a elevarme,
sujeto a los hilos de los globos emprendí
vuelo,
dejé de pisar la tierra hacia el cielo,
siendo frágil, flotaba en el aire.

Y creyéndome pájaro extendí los brazos,
soltando los hilos que me sustentaban.
En mi caída pensaba… que siempre hay
lazos

que tienen su cometido, que no estorban.

Pero al estrépito del impacto
volví a atar los hilos a mis dos brazos
y emprendí carrera con mil rezos
para volverme a elevar en lo alto.

Y entendí que el cielo es para las aves
y que para mí ya está el suelo.
Que no se es pájaro por flotar un instante
pero siempre se puede remontar el vuelo.

EL MURO DE MIS LAMENTACIONES

Cuántas veces he clamado
y respuestas no hallé.
Cuántas veces he gritado
y nadie quiso entender.

Y mis llantos quedaron atrás,
como pañuelos en la estación.
He mostrado mis plegarias
a borrachos y consejeros sin voz.

Vuelvo a mi mal, al muro de mi propia
lamentación.
Soy un caimán sin dientes, una vela sin luz.

Y absorbo mis gemidos creyéndome
vencer,
pienso en ignorancia y deseo no saber.
Arrojadme a un río de hielo y cristal,
sólo así lograré del sopor despertar.

Y continuaré mi camino,
camino de espinos, destinos y desatinos.

Perdido en mis propias decisiones
volveré a caminar
hacia el muro de mis propias
lamentaciones.

FUEGO

Fuego que la madera vieja prendes,
quema ramas y carbón de temores,
que con el agua y las piedras no puedes,
porque la leña mejora si añeja.

El viento te empuja y mece,
y la lluvia te moja y apaga
la luz que amarilla y vaga
consume el leño que sin querer perece.

LA OLA

Una ola menos, ya se marcha el día.
Tenue luz, suave brisa.
Quedarme quiero, no tener prisa,
sentir llegar a la noche fría.

Quién fuera mezcla de agua y arena,
quién fuera como el sol estrella
y no simple ola que la roca mella,
buscando caer siempre en playa buena.

DIME

Mírame a los ojos y dime
¿Dónde están los sueños?
¿Quiénes son los reyes? ¿Quiénes son los
dueños?
De la mirada, del pensamiento.

Dime sin miedo,
en qué se piensa cuando se mira al cielo,
cuando se ven en el agua los reflejos,
cuando se viaja muy lejos sentado en el
suelo.

Dime sin miedo,
que fuiste un árbol,
que ayer fuiste el viento,
que volverás en un instante, en un
momento,
que serás hiedra, que serás trébol.

Dime sin miedo,
cómo cabalgar sin freno
montado sobre caballos grises,

cómo vuelan los pájaros tristes,
cómo ser rayo y huir del trueno.

Dime sin miedo,
cómo cerrar los ojos para verlo,
dime al oído el murmullo,
lo que guardas, lo que es tuyo.

Dime que te irás en primavera,
dime que volverás en invierno.

LA CAJA DE LOS BOTONES

Guardo el calor de las estrellas
y el olor que en la mañana tiene el aire.
No tengo identidad. Contento de ser nadie,
sólo de atesorar mil frases bellas.

Guardo en una caja botones
de distintos tamaños y formas,
que desordeno saltándome reglas y normas,
para revolverlos en extraños colores.

Escribo sobre la palma de mi mano
una palabra de ilusión y esperanza
para que todo esfuerzo no sea vano.

Pues todo se logra, todo se alcanza.
No existe el hado, soy mi propio destino.
Sólo si en el futuro tengo confianza
lograré, paso a paso, marcar mi camino.

EL CAMINANTE

Hoy caminaré hasta donde pueda llegar,
despacio y deprisa, suave como la brisa,
como el que no regresa, como el que no
tiene hogar.

Comeré cuando tenga hambre y dormiré
cuando sienta sueño, no tendré reloj, ni
dueño.
Cruzaré fronteras, cortaré cadenas y
alambres.
El sol será la guía, que marque puntos
cardinales.
El cielo será el tejado para ocultarme.
El camino… lo que tras de mí dejo.
Mi corazón… lo único que de mí protejo,
de sombras y luces, de cosas banales.

Sé que el árbol sin raíz, siempre muere,
pero prefiero ser rosa del viento,
hoja seca de lamento, que el aire
empuja y mueve.

Quiero acostarme sobre hiedra,
sentir fragancias y olores.
Quiero quitar la losa, de piedra, de amores.

Hoy caminaré solo, para conmigo
enfrentarme
por caminos, por prados y valles.
Hoy caminaré solo, para solo encontrarme.

ÍNDICE

www.elcaminante.tk

www.ingramcontent.com/pod-product-compliance
Lightning Source LLC
LaVergne TN
LVHW010633200726
843507LV00011B/1698